8 Z 9817 2

Paris
1863

Lecoy de La Marche, Albert

Execution du testament d'Amédée III, comte de Genevois

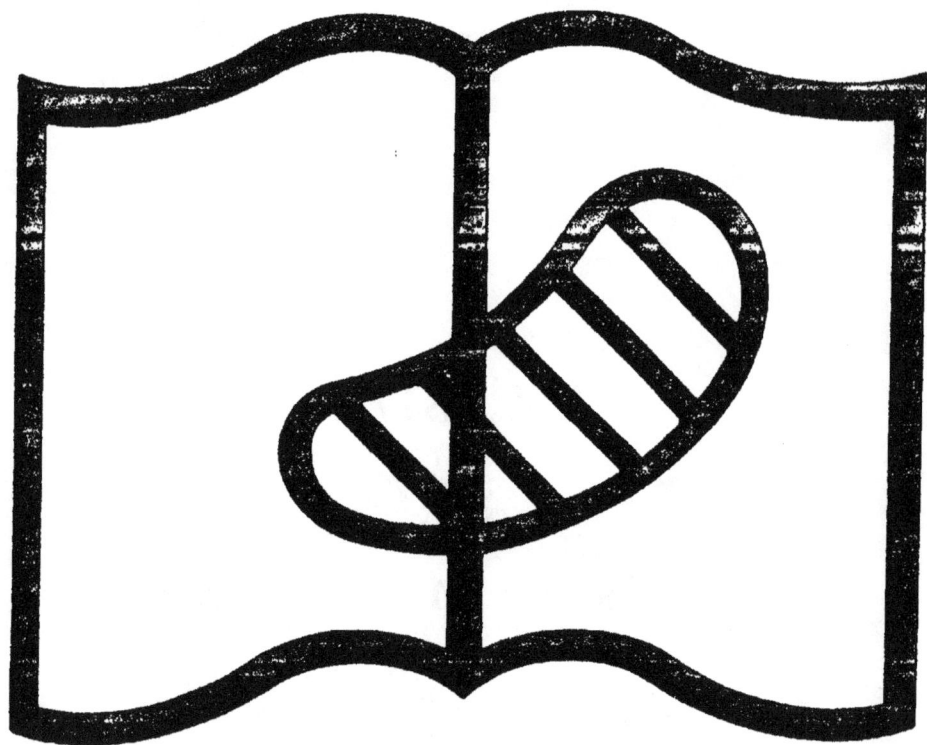

Symbole applicable
pour tout, ou partie
des documents microfilmés

Original illisible

NF Z 43-120-10

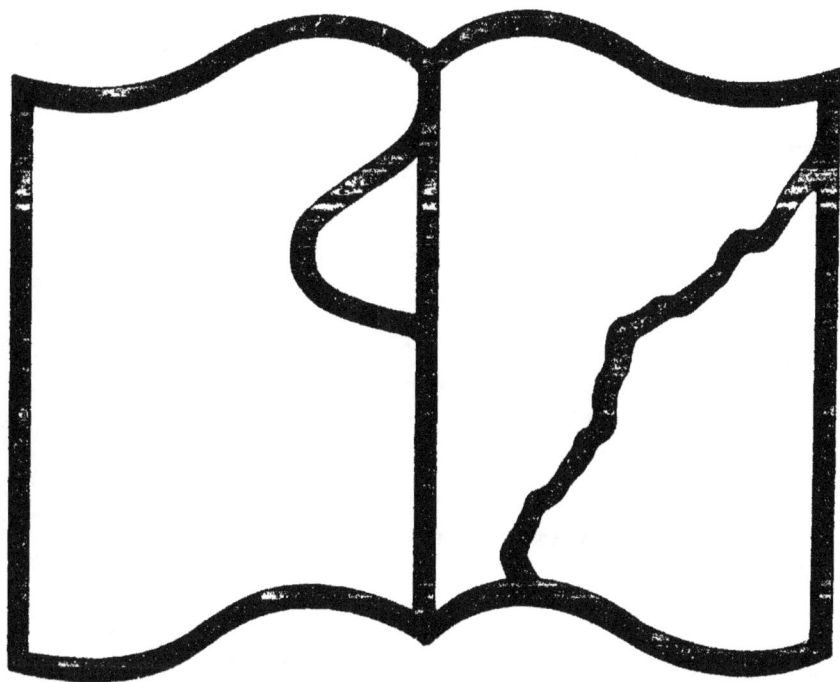

Symbole applicable
pour tout, ou partie
des documents microfilmés

Texte détérioré — reliure défectueuse

NF Z 43-120-11

EXÉCUTION

DU

TESTAMENT D'AMÉDÉE III

COMTE DE GENEVOIS

EN 1371

(L'ÉGLISE NOTRE-DAME D'ANNECY, LA MONNAIERIE DES COMTES DE GENEVOIS)

PAR

A. LECOY DE LA MARCHE

Archiviste de la Haute-Savoie

———

(Extrait de la Bibliothèque de l'École des chartes, juillet-août 1863.)

———

PARIS

ALP. L. HÉROLD, SUCCESSEUR DE FRANCK

Libraire de la Société de l'École impériale des chartes

RUE DE RICHELIEU, 67

———

1863

EXÉCUTION

DU

TESTAMENT D'AMÉDÉE III

COMTE DE GENEVOIS

EN 1371

(L'ÉGLISE NOTRE-DAME D'ANNECY, LA MONNAIERIE DES COMTES DE GENEVOIS)

PAR

A. LECOY DE LA MARCHE

Archiviste de la Haute-Savoie

———

(Extrait de la Bibliothèque de l'École des chartes, juillet-août 1863.)

———

PARIS

ALB. L. HEROLD, SUCCESSEUR DE FRANCK

Libraire de la Société de l'École impériale des chartes

RUE DE RICHELIEU, 67

———

1863

Paris. — Imprimerie A. Lainé et J. Havard, rue des Saints-Pères, 19.

EXÉCUTION

DU

TESTAMENT D'AMÉDÉE III,

COMTE DE GENEVOIS,

EN 1371.

———————

Le document que nous faisons connaître aujourd'hui éclaire deux points obscurs de l'histoire des comtes de Genevois : 1° la sépulture d'Amédée III, ainsi que l'agrandissement apporté par lui à l'église de Notre-Dame de Liesse d'Annecy ; 2° l'endroit où ce prince et son successeur firent battre monnaie au quatorzième siècle.

L'origine de l'église de Notre-Dame de Liesse ou de Lété se perd dans la nuit qui enveloppe les premiers temps de l'existence d'Annecy. A la place où s'élève aujourd'hui cet édifice, récemment reconstruit, il n'y avait primitivement qu'une chapelle, célèbre déjà par l'affluence de pèlerins qu'elle attirait. Fut-elle fondée avec la ville nouvelle qui remplaça — vers le dixième siècle, à ce que l'on présume, — l'*Annessiacum vetus*, bâti sur la colline voisine? ou bien lui préexista-t-elle, et n'aurait-elle pas été même une des causes déterminantes de sa formation, en un mot le noyau de l'*Annessiacum novum* [1]? Tant de bourgs,

———————

[1]. Le nom d'*Annessiacum* se trouve en 867 dans une charte de l'empereur Lothaire ; mais la plus ancienne mention que nous ayons rencontrée du nouvel Annecy opposé au vieux est dans une donation faite, en 1107, par le comte de Genevois à l'abbaye de Talloires (Guichenon, *Bibliotheca Sebusiana*, p. 40). Dès 1132, cependant, une église paroissiale, dédiée à saint Maurice, fut élevée auprès du château. (Besson, *Mém. pour servir à l'histoire des diocèses de Genève, Tarentaise*, etc., p 117.)

tant de villes ont pris naissance de la même manière autour
d'un couvent, d'un oratoire! Quoi qu'il en soit, on trouve, dans le
treizième siècle, à côté de la chapelle, un hôpital servant d'asile
aux pèlerins malades ou indigents [1]. C'est aux premières années
du même siècle, vraisemblablement, qu'il faut rapporter la cons-
truction de l'église dont le clocher seul nous reste aujourd'hui.
Cette tour, le plus ancien monument d'Annecy, est aussi un des
spécimens les plus remarquables de l'architecture romane en Savoie. Elle présente l'aspect d'un *campanile* carré à trois étages,
percé, sur chacune de ses faces, de dix arcades en plein-cintre, qui
sont disposées quatre, quatre et deux, et séparées par des co-
lonnettes. Ses formes élancées appartiennent à la dernière période
de l'art roman, qui a pu, à la rigueur, se maintenir dans le pays,
comme dans certaines contrées voisines, jusqu'au commence-
ment du treizième siècle. Il ne serait guère possible de faire
descendre plus bas la date d'un semblable morceau d'architecture, et de le rattacher aux agrandissements entrepris, dans le
siècle suivant, par le comte Amédée III. Quelques historiogra-
phes ont avancé pourtant que ce prince avait transformé l'ancienne chapelle en basilique à trois nefs, et fait creuser son
tombeau dans le chœur [2]. Mais, comme le clocher est antérieur
par son caractère à l'époque d'Amédée III, et que, d'un autre
côté, il est trop important pour avoir appartenu à une simple
chapelle, la transformation en question a dû nécessairement
avoir lieu plus tôt [3].

Ce qui peut-être a donné le change, c'est que le comte Amédée introduisit réellement dans l'église une modification nouvelle.
Mais elle fut moins considérable; et l'acte publié ci-après en ré-
vèle précisément la nature. Ce document contient les clauses du
testament d'Amédée III relatives à Notre-Dame de Liesse, et le

1. Besson, *ibid.*, p. 114. L'abbé Magnin (aujourd'hui Mgr Magnin, évêque d'Annecy), *Notice sur l'église de Notre-Dame*, p. 1.

2. Magnin, *ibid.*; Grobel, *Notre-Dame de Savoie*, etc.

3. Cela soit dit toute réserve faite des modifications ou additions que le clocher a
subies depuis; car, tel qu'il est aujourd'hui, c'est un monument hybride, et on re-
connaît dans sa partie supérieure plusieurs caractères du quinzième siècle, entre autres des tourelles d'angles, dont il ne reste plus que la base.

procès-verbal de leur exécution par sa veuve Mathilde de Boulo-
gne (Mahaut de Bolon) et ses fils Robert et Pierre, ou du moins
par les trois délégués que ceux-ci nommèrent pour la circons-
tance, en 1371. Le double que nous en avons fut dressé un peu
plus tard en faveur de la même église, pour laquelle il faisait
titre : de ses archives, il a passé dans celles de la Société Florimontane[1].

Amédée III, dans son testament, ordonne à son héritier de
fonder et de construire, si lui-même ne réalise pas ce projet de son
vivant, « une chapelle dans l'église de Notre-Dame de Liesse
d'Annecy, et, dans ladite chapelle, le tombeau où il veut être
enterré, de la manière qui convient à sa condition. » Trois mes-
ses, dont une grande, devront y être célébrées chaque jour pour
le repos de son âme et de celles de sa femme, de ses prédécesseurs
et de ses successeurs ; dans ce nombre, il y en aura une de la
sainte Vierge, une du Saint-Esprit et une des défunts. A chacune
d'elles se fera la commémoration de saint Antoine. « Si la chapelle, ajoute le prince, n'est pas terminée au moment de notre
mort, nous voulons que ces offices soient célébrés, jusqu'à son
achèvement, au maître-autel de la même église. »

Amédée ne choisit donc pas sa sépulture dans le chœur de
Notre-Dame, mais dans une chapelle spéciale, construite, soit
aux alentours du chœur, soit le long d'un bas-côté de la nef. Il
agrandit ainsi l'édifice : mais il n'indique en aucune façon,
comme les testateurs ne manquaient pas de le faire en pareil cas,
qu'il l'eût précédemment rebâti. Au contraire, il parle de l'é-
glise comme possédant un maître-autel, et, par conséquent,
comme ayant acquis son développement, depuis une époque in-
déterminée.

Il affecte ensuite à l'entretien de sa fondation une rente annuelle de soixante livres genevoises, à assigner par son héritier
sur ses propres revenus. Le patronage de la chapelle est entière-
ment réservé aux comtes de Genevois. Un *recteur* est institué

1. Société académique fondée dans la ville d'Annecy par saint François de Sales et
son ami le président Antoine Favre, et rétablie sur de nouvelles bases en 1851, après
une longue interruption.

pour la desservir, sous l'obligation expresse de demeurer dans la ville d'Annecy. Enfin, chaque année, le jour de l'Assomption, il devra être fait, toujours dans la même chapelle, une dote ou distribution de quatre deniers à chaque pauvre d'Annecy [1], et, la veille de Noël, vingt-quatre indigents recevront chacun un corset blanc (*reginti quatuor corsetos albos*).

Telles sont les dispositions qu'exécutèrent, le 5 septembre 1371, Humbert de Nave, juge de Genevois, Jean Moesures et Guillaume de Crans, commissaires désignés par la veuve et les enfants du comte. Après avoir arrêté que les aumônes seraient réparties par le recteur même de la nouvelle chapelle, ils assignèrent et remirent entre les mains de ce dernier, sur son serment solennel d'en faire l'usage prescrit, la quantité de revenus nécessaire à l'accomplissement des legs qu'on vient de voir, formant une somme annuelle de 83 livres 13 sous 4 deniers genevois. Dans cette évaluation, la dote de l'Assomption est comptée pour 16 livres 13 sous 4 deniers, ce qui porte les pauvres gratifiés chacun de 4 deniers au nombre de *mille*. Les vingt-quatre corsets sont estimés 9 livres, soit 7 sous et 6 deniers chacun. Le vêtement bon marché ainsi désigné correspond, vraisemblablement, à la cotte ou habit de dessous, en usage du douzième au quatorzième siècle. Les trois commissaires ne parlent nullement de l'érection du tombeau et de la chapelle, et on ne voit point de fonds assignés pour ces travaux ; ce qui laisse entendre qu'ils étaient terminés en 1371, et peut-être avant la mort du comte, arrivée en 1367.

L'église, ainsi enrichie par Amédée III, devait être portée à un plus haut degré de splendeur par Robert de Genève, son fils et l'un de ses exécuteurs testamentaires, devenu antipape, sous le nom de Clément VII. Ce dernier, qui se signalait ailleurs par une conduite toute différente, confirma, le 18 avril 1388, les privilèges accordés précédemment à Notre-Dame de Liesse : il y institua, en outre, un jubilé septennal, connu sous le nom de grands pardons, et qui durait trois jours, à la fête de la Nativité

---

[1] La dote était versée dans plusieurs paroisses des environs

de la Vierge. Depuis lors, le célèbre sanctuaire fut encombré
de milliers de pèlerins qui venaient, à l'époque fixée, chercher
des indulgences et déposer leurs offrandes pour l'entretien de
l'hôpital. Clément VII voulait encore ériger l'église en collégiale. Ce projet fut mis à exécution par son successeur Be-
noît XIII, en 1395, et tout le décanat d'Annecy, comprenant
quatre-vingt-seize paroisses, fut successivement uni à Notre-
Dame[1]. Le 16 septembre 1398, Guillaume de Lornay, évêque
de Genève, consacrait la nouvelle collégiale sous le vocable de
saint Antoine[2]. Nous avons dit que ce saint devait être l'objet
d'une commémoration spéciale dans les offices institués par le
testament d'Amédée III : il est donc à présumer qu'il était déjà
anciennement un des patrons de l'église, et au moins celui de la
chapelle fondée par le comte de Genevois. L'édifice fut en partie
détruit par l'incendie qui dévora la ville d'Annecy en 1412,
puis relevé par les efforts des habitants avec l'aide du pape Eu-
gène IV et du duc de Savoie Amédée VIII. Les ducs de Gene-
vois-Nemours y choisirent plus tard leur sépulture.

Une matrice en fer provenant de Notre-Dame de Liesse, et
paraissant avoir été employée à frapper de ces petites plaques de
plomb qui servaient d'enseignes de pèlerinage, a passé dernière-
ment par les mains de notre confrère M. Léopold Delisle, qui a
bien voulu nous demander des indications à ce sujet. Ce petit
monument, dont il existe au musée d'Annecy une seule em-
preinte sur cire, et qui malheureusement a été vendu depuis
pour le musée de Turin, est de forme carrée. Il représente, en-
tourées d'un encadrement rond, les figures suivantes : sous une
niche centrale, la sainte Vierge portant l'enfant Jésus; à droite,
un saint paraissant tenir une cloche; à gauche, un guerrier
tenant d'une main un étendard, et appuyé de l'autre sur un écu
chargé d'une croix fleuronnée, croix reproduite aussi sur la poi-
trine du même personnage. Sous les pieds de la Vierge est un autre écusson, orné d'une grande étoile à huit rayons. Autour se
voit la légende : *Nostre-Dame de Annessie*. Le style de cette es-

[1] Magnin, p. 8
[2] Besson, p. 113

8

pèce de cachet, suivant l'appréciation de M. Delisle, conviendrait assez bien au milieu du quinzième siècle. Toutefois il ne date guère que des premières années du seizième, et voici pourquoi : les personnages qui y sont figurés sont les patrons de la collégiale, au milieu la sainte Vierge, à gauche saint Antoine, à droite saint Maurice, le chef de la légion thébaine[1]. Or saint Maurice n'a dû être adjoint aux deux patrons primitifs que lorsque la vieille église bâtie sous son invocation, en 1132, près du château, fut réunie à celle de Notre-Dame; et cette union fut faite par Jules II, qui ne monta sur le trône pontifical qu'en 1503[2]. Il est à remarquer, du reste, que, dans les arts comme dans la langue, comme dans l'écriture, comme dans les mœurs, les transformations survenues en France à une époque donnée ne se sont reproduites, et, pour ainsi dire, répercutées en Savoie qu'un peu plus tard. Ainsi, l'on devra presque toujours, quand il s'agira de cette région, faire descendre d'un demi-siècle ou d'un quart de siècle la période à laquelle se rattache tel ou tel caractère général.

Le procès-verbal d'exécution du testament d'Amédée III se termine par le détail des revenus affectés à sa fondation dans l'église de Notre-Dame. L'énumération comprend des redevances annuelles, tant en argent qu'en nature, les unes prises sur la leyde des blés et les droits de pesage que les comtes de Genevois percevaient dans Annecy[3], les autres payables par différents particuliers dans la même ville, dans les châtellenies de Thônes et de Cruseilles, et dans le mandement de Chaumont. C'est dans cette dernière partie de l'acte que nous trouvons une indication précieuse et tout à fait nouvelle, relative à la monnaierie du comte.

Amédée III est le premier prince de sa maison qui se soit permis de battre monnaie, en dépit des droits régaliens que pos-

1. La clochette est un attribut ordinaire de saint Antoine, et la croix fleuronnée est la croix de saint Maurice.
2. Besson, p. 117.
3. Le premier article consiste en 20 *coupes* de grain, moitié blé, moitié avoine, à la mesure d'Annecy, évaluées 25 *livres genevoises*.

sédait sur toute l'étendue de son diocèse l'évêque de Genève[1]:
Celui-ci, à la nouvelle d'une pareille infraction, protesta. Le
17 août 1356, Guillaume de Menthonnex, chanoine de Besançon,
et Raoul de Mura, official de l'église de Genève, remirent au
comte une protestation écrite d'Alamand de Saint-Jeoire. Amédée
fit répondre, par le chanoine Étienne de Compey, qu'il était
prêt à soumettre l'affaire à un arbitrage. On ne sait pas bien ce
qui en résulta sur le moment; mais le comte paraît avoir aban-
donné plus tard sa tentative, pour la renouveler en dehors du
diocèse de Genève, dans la partie de ses domaines qui était sous
la suzeraineté de la maison de Savoie[2].

Toujours est-il qu'un atelier monétaire, établi dans un lieu
soumis à la juridiction épiscopale, fonctionna pendant assez long-
temps. Les nombreuses monnaies d'Amédée III et de Pierre, son
successeur, retrouvées successivement aux environs d'Annecy,
ne peuvent que confirmer le fait. Quelques personnes plaçaient
l'établissement au château même de cette ville, la principale résidence du comte. Une tradition locale, conservée jusqu'à nos
jours dans la dénomination de *château de la monnaie*, semblait
désigner au contraire les ruines d'un vieil édifice, d'origine in-
connue, situées à environ six kilomètres d'Annecy, au milieu
des marais du village d'Épagny. M. Serand, archiviste de la Société Florimontane, en écrivant une note iconographique sur les
monnaies des comtes de Genevois[3], avait recueilli cette indication, sans pouvoir en déterminer le degré de certitude. Il citait
seulement un passage de Levrier, portant que les députés de
l'évêque de Genève, chargés de faire des représentations au
comte sur l'émission de sa monnaie, vinrent trouver celui-ci au
château de la Balme, où il résidait alors[4]. Le château de la
Balme était à peine à deux kilomètres de l'emplacement désigné
par la tradition: l'on pouvait penser qu'Amédée avait construit

---

1. Voir, aux archives de Genève, plusieurs prestations d'hommage des comtes aux
évêques, une entre autres faite en 1346 par Amédée III lui-même.
2. Levrier, *Hist. des comtes de Genevois*, I, 221. Guichenon, *Hist. de la maison de Savoie*, I, 411.
3. Bulletin de la Société Florimontane, 1855.
4. Levrier, *loc. cit.*

sa monnaierie à proximité d'une de ses maisons de campagne, et qu'il était venu dans cette dernière surveiller l'exécution de cette entreprise. Toutefois aucun texte positif n'éclairait la question. Le document que nous venons d'analyser fait mention, à trois endroits différents, de deniers et d'oboles de Poisy en Genevois (*Poysi.* ou *Poysaci Gebenn.*). Or ce village est situé près de celui d'Épagny, à la même distance d'Annecy : le bâtiment ruiné appelé par les gens de l'endroit *château de la monnaie* se trouve précisément sur la limite des deux, et pouvait parfaitement dépendre, au quatorzième siècle, de Poisy, quoiqu'il dépende aujourd'hui d'Épagny. Il serait donc difficile de conserver un doute à cet égard, à moins que l'on ne veuille trouver dans les formes *Poysi*, *Poysaci*, etc. des altérations du mot *pogesia*, qui désigne le quart du denier. La tradition, qu'il faut toujours contrôler, mais ne jamais négliger, se trouverait ici confirmée.

Cet hôtel monétaire du comte de Genevois n'offre plus qu'un grand quadrilatère recouvert de broussailles et de gazon, ayant un mètre de hauteur sur vingt-cinq ou trente de côté. Un manuscrit sur les antiquités de Savoie, déposé à la bibliothèque savoisienne par M. le docteur Despine, donne quelques renseignements sur l'état de ces ruines au siècle dernier : « Le château, y est-il dit, était de forme carrée, environné de murs et de larges fossés toujours remplis d'eau. Au milieu est une espèce de cour, qui, il y a plusieurs années, fut labourée pour chenevière : en creusant, on entendit un bruit sourd comme sur une voûte ; on n'alla pas plus bas, et on ne put découvrir ce qu'était cette espèce de cave qui était au-dessous. » N'est-ce pas là une nouvelle preuve de la destination de l'édifice, et n'en acquerrait-on point de plus significatives encore si l'on pratiquait des fouilles en cet endroit ? Si l'on s'étonne qu'un établissement de ce genre ait été placé dans un lieu marécageux, écarté, presque clandestin, à une demi-lieue de la plus proche résidence seigneuriale, et qu'il n'existe pas de mentions plus fréquentes ou plus connues de cette monnaie de Poisy, il faut se rappeler que l'entreprise du comte de Genevois avait un caractère d'usurpation, de délit féodal, et qu'en outre elle n'eut ni succès ni durée. Toutefois la dénomination de monnaie de Poisy semblerait s'être assez répandue pour être encore en usage en 1371, quelques années après la mort d'Amédée III. Le comte Pierre continua peut-être lui-même d'utiliser la monnaierie construite par son prédécesseur, quoiqu'il y ait lieu de croire, d'après d'autres traditions, qu'il en fut créé une nouvelle au château d'Annecy, ou, comme Guichenon le rapporte, sur le territoire relevant du comte de Savoie.

Les différentes monnaies connues des comtes Amédée III et Pierre se réduisent à neuf types, décrits dans la note iconographique citée tout à l'heure. Ils reproduisent tous, sous des formes variées, au droit l'écusson du Genevois (*cinq points d'or équipollés à quatre d'azur*), au revers une croix pattée. Leur légende porte ordinairement : *Amedeus* ou *Petrus, comes Gebennensis.* Sur le revers de plusieurs, on lit encore les mots : *Fidelis imperii.* Le titre de vassal de l'empire, ajouté ainsi timidement et comme à titre d'essai sur quelques-unes de ces monnaies, était un nouvel empiétement sur les droits de l'évêque : car il plaçait le comte sous la suzeraineté immédiate de l'empereur d'Allemagne, abstraction faite de toute juridiction intermédiaire. En outre, la qualification de *comes Gebennensis*, généralement employée en place de celle de *comes Gebenesii*, était une habile et délicate substitution : à l'abri de l'équivoque engendrée par l'adjectif latin, Amédée ou Pierre s'appropriaient, comme le firent depuis leurs successeurs, la dignité de *comte genevois* ou *comte de Genève*, tout en restant simples comtes de la province du Genevois, suivant l'interprétation qu'on voulait bien donner au mot. Tout cela fournit contre eux autant de griefs et de sujets de réclamations, qui ne furent d'ailleurs que des incidents de la longue lutte engagée entre les deux pouvoirs de l'évêque et du comte. Plus tard, lorsque le comté eut été réuni au domaine de la maison de Savoie, les autorités de la ville de Genève, restée indépendante, eurent encore à se plaindre de l'emploi abusif du titre de *comes Gebennensis*, et leurs archives contiennent, à ce sujet, plus d'une protestation. Cette forme avait cependant prévalu, et finit par devenir la seule usitée.

EXTRAIT DE L'EXÉCUTION

DU

TESTAMENT D'AMÉDÉE III,

COMTE DE GENEVOIS,

EN 1371.

(Archives de la Société Florimontane)

In nomine Domini, amen. Anno a nativitate ejusdem Domini millesimo trecentesimo septuagesimo primo, indictione nona cum predicto anno sumpta, die quinta mensis decembris. Per presens publicum instrumentum cunctis evidenter appareat, presentibus pariter et futuris, quod, cum reverendissimus in Christo pater et dominus dominus Robertus de Gebennis, sacrosancte Romane ecclesie cardinalis, illustresque et magnifici principes domina Mathildis de Bolonia, ejus genitrix, comitissa, et Petrus, ejus filius, comes Gebennensis, consors et nati bone memorie illustris et magnifici principis domini Amedei, quondam comitis Gebennensis, cupientes non immerito omnia legata et ordinata per prefatum dominum Amedeum comitem quondam ejus testamento seu ultima voluntate contenta adimplere, solvere et effectu[i] mancipare, commiserint et expresse preceperint venerabili viro domino Anthonio......... Humberto de Navi. Johanni Mossures et Guillermo de Crans, si insimul interesse possent, aliter tribus aut duobus ipsorum in solidum, ut omnia legata et ordinata predicta in omnibus et singulis locis et terris dominorum prefatorum, ubicumque dictis commissariis aut tribus vel duobus ex ipsis melius fieri videretur..... et assetare, et per quoscumque eorum officiarios expresse..... compelli omnes et singulos debentes aliquos redditus ipsis dominis vel ipsorum alteri, quos dicti commissarii aut ipsorum tres vel duo assignarent pro predictis, ad respondendum locis et plateis per dictos commissarios aut [ipsorum tres vel duos] ordinandis, ut patet per litteram ipsorum dominorum appertam, sigillo nostro sigillatam, cujus tenor sequitur in hec verba :

« Robertus de Gebennis, Dei gratia sacrosancte Romane ecclesie cardinalis, Mathildis de Bolonia, comitissa, et Petrus, ejus filius, comes Gebennensis, universis..... et aliis officiariis nostris quibuscumque, salutem. Cum nos commiserimus et expresse [mandaverimus] dilectis nostris judici Gebennensis Humberto de Navi, Johanni Mossures et Guillermo de Crans, si insimul esse possent, aliter duobus vel tribus ex ipsis in solidum, ut omnia et singula legata per carissimum dominum nostrum [consortem] et genitorem dominum Amedeum, quondam comitem Gebennensem, ecclesiis, capellis, monasteriis, hospitalibus et aliis quibuscumque pro causis facta in ejus testamento et ordinata, assinent et assetent in singulis locis omnium terrarum nostrarum, ubi eis fieri melius videbitur, vobis et vestrum singulis harum tenore expresse precipimus et mandamus quatenus omnes et singulos homines, [debentes] nobis aliquos redditus sive summas, quos et quas dicti commissarii et ipsorum duo vel tres duxerint assignandos vel assignandas pro legatis predictis, cogatis et compellatis ad respondendum personis et locis quibus ipsi commissarii aut duo vel tres ipsorum ordinarint respondere.... .... per presentes detrahi et deduci per computorum nostrorum receptores, habita copia presentis vel cum littera ipsorum testimoniali, expensasque ipsorum commissariorum, quandiu ad predicta vaccabunt, faciatis et solvatis, et habita ab ipsis commissariis vel altero ipsorum, littera de recepta ipsorum, in dictis computis volumus et mandamus........................... Anno Domini millesimo trecentesimo septuagesimo primo. Per dominos cardinalem, comitissam et comitem, presentibus dominis Reymondo de Cheysio, Francisco Candie, Francisco de Menthone, militibus, et domino Anserino de Chavona, canonico Gebennensi, Ay. de Besso. »

Hinc est quod in presentia mei notarii publici et testium infrascriptorum, Humbertus Navi et Johannes Mossures, prenominati commissarii, ut supra, desiderantes mandata prefatorum dominorum omnino toto posse adimplere, attento etiam quod prefati domini eisdem ad sancta Dei evangelia jurare fecerunt dictas assignationes bene, secure et integriter facere, ad majorem securitatem et utilitatem cappellarum et locorum quibus dicta legata facta sunt et ordinata, quas assignationes per ipsos faciendas prefati domini et ipsorum qui-

libet ad sancta Dei evangellia consimiliter juraverunt et promiserunt
ratas habere, adimplere et perpetuo observare, prout continetur in
quodam publico instrumento inde recepto per Aymaretum de Bos-
sone de R[uppe], notarium publicum, dicta die decima octava mensis
septembris, anno quo supra, viso testamento predicto prefati domini
Amedei, comitis quondam, in quo continentur res quarum tenores
sequuntur in hec verba :

« Item ordinamus et volumus fieri et construi per heredem nostrum
infrascriptum, si eam in vita nostra facere non contingit, unam capellam in ecclesia beate Marie Lete de Anessiaco, et in ea monumen-
tum seu tumulum nostrum in quo sepelliri volumus, et ibidem nos-
tram [eligimus] sepulturam, quam per dictum heredem nostrum
fieri volumus et jubemus secundum decen[tiam] status nostri. Item
volumus et ordinamus quod in dicta capella cantentur diebus singulis, pro remedio anime nostre et animarum domine Mathildis de
Bolonia, carissime consortis nostre, predecessorumque et successo-
rum nostrorum, in nostrorumque remissionem peccatorum, tres
misse, una videlicet de beata Maria Virgine et ad ipsius honorem,
altera de Sancto Spiritu et ad ejus laudem, et alia pro deffunctis, et
quarum una cantetur [diebus] singulis alta voce et alie due submissa
voce; et in ipsarum qualibet diebus singulis fiat commemoratio
beati Anthonii. Et si dicta capella nobis de medio sublatis non esset
completa, volumus et jubemus quod dicte tres misse modo [et forma]
quibus supra celebrentur in magno altari dicte ecclesie integriter
quousque dicta capella sit completa. Item volumus et ordinamus et
jubemus quod dictus heres noster et quicumque noster heres fuerit,
si per nos in vita nostra dotata non fuerit, teneatur dictam capellam
dotare, pro predictis missis et aliis divinis officiis ibidem celebrandis,
de sexaginta libris gebennensium annualibus, quas per dictum nostrum heredem, quicumque noster heres fuerit sive ex institutione
sive ex substitutione assignatus, volumus asseptari. Jus autem patro-
natus dicte capelle nobis et heredi nostro in comitatu Gebennensi
per presens reservamus, et ad nos et ipsum volumus per presens per-
tinere, ordinantes, volentes et jubentes expresse quod nullus in dicta
capella rector instituatur nisi sit sacerdos, et quod ipse rector in
villa Annessii moram faciat continuam, alioquin, nisi dictam moram
continuam ibidem faceret, ab ipsis capelle institutione et regimine
volumus esse privatum. Item volumus et ordinamus quod per heredem nostrum, quicumque heres noster fuerit in comitatu Gebennensi, fiat perpetuo annis singulis in die assumptionis beate Marie

virginis una dona sive helemosina in dicta nostra capella Annessii
ville pauperibus, quorum cuilibet dentur quatuor denarii gebennensium pro remedio. Item volumus et ordinamus quod predictus heres
noster teneatur annis singulis in vigilia nativitatis Domini, pro anima
nostra et remissione peccatorum nostrorum, viginti quatuor pauperibus viginti quatuor corsetos albos dare. »

Quarum clausularum tenore viso diligenter per dictos Humbertum
et Johannem commissos et inspecto, [attento] etiam quod dicte ele-
mosine in festo assumptionis beate Marie virginis et in vigilia nativitatis Domini fiende salubrius, integrius et melius fieri poterunt et
debebunt per rectorem dicte capelle quam per alium laicum, et quod
prefati domini eisdem jurare fecerunt de omnibus legatis ut supra
integriter et perfecte assignandis et asseptandis, taliter quod defectu
assignationis non pereant quovismodo in futurum, in toto vel in parte,
ea propter dictas sexaginta libras gebennensium annuales, dictam
donam seu helemosinam dicta die assumptionis beate Marie virginis
faciendam, ascendentem ad summam sexdecim librarum tres de-
cim [solidorum] et quatuor denariorum gebennensium annualium ,
et dictos viginti quatuor corsetos albos, ascendentes, computato
quolibet ipsorum corsetorum septem solidis et sex denariis gebennensium, ad novem libras gebennensium annuales, assignant et as-
septant in manu mei notarii publici infrascripti, more publice persone
stipulantis solenniter et recipientis vice, nomine et ad opus rectoris
dicte capelle, si quis sit ad presens et qui pro tempore fuerit ,
omnium et singulorum quorum interest vel interesse poterit in futurum; ita tamen quod dictus rector, et quicumque institutus in
futuro, teneatur juretque et promittat ad sancta Dei evangellia et
sub periculo anime sue, bonorumque suorum obligatione expressa,
dictam donam et dictos viginti quatuor corsetos in valore supra
extimato facere et dare annis singulis, diebus predictis, et distribuere
pauperibus integriter et perfecte, modo in dictis clausis declarato ;
dictas pecunie quantitates ascendentes in summam, tam pro dicta
capella quam helemosinis predictis, quaterviginti quinque librarum
tresdecim solidorum et quatuor denariorum gebennensium, item et
redditus bladi et pecunie infra particulariter declaratos, ad habendum
de cetero, tenendum et pacifice possidendum exigendumque et re-
cuperandum deinceps, debitoresque pignorandum et pignora secum
deportandum pro ipsis persolvendis , per dictum rectorem, quicumque rector dicte capelle fuerit, vel ejus mandatum, ejusdem rectoris
nomine, ... sua propria auctoritate absque licentia cu-

jusque vel mandato, me notarium publicum infrascriptum ut supra stipulantem, harum tenore, commissum nomine quo supra, in possessionem pacifficam dictorum reddituum investientes, ponentes et indu[c]entes :

Videlicet primo septem viginti cupas bladi, medietatem frumenti et medietatem avene, ad mensuram Annessii, debitas de nostra perpetua annuali pro leyda bladorum Annessii per heredes illorum de Pellionay, super obligatione omnium bonorum suorum, quas assignant et tradunt dicte capelle pro viginti quinque libris gebennensium annualibus.

(Suit le détail des autres revenus assignés à la chapelle, parmi lesquels les redevances suivantes :)

..... Johannes Georgii, decem septem solidos decem denarios obolum Poysia. cum dimidia gebennensium, in festo beati Andree..

In festo beati Andree apostoli, Mermetus Pernereti, decem octo solidos tres denarios Poysaci gebennensium; Peronetus Pernereti sexdecim solidos unum denarium cum obolo et Poysi. gebenn............

....

Actum publice apud Mornay, in castro dicti loci, ubi testes interfuerunt ad hec vocati et rogati, videlicet Petrus de Rua de Exerto, Amedeus Migneti, habitantes de Mornay, et Petrus Corajod de Munitier.

Et ego, Henricus Duboz de Ruppe, imperiali auctoritate publicus notarius, hiis premissis, dum sic agerentur et fierent, ut premissum est, presens fui, hocque publicum instrumentum inde recepi, et in hanc publicam formam redegi fecique et scripsi, signavique signo meo fideliter et tradidi, completum reddidi, in testimonium veritatis premissorum.